Tomaten

Pomodori secchi &

Pesto &

frisch

KochBuch für den

„tomatigen" Genuss

Umschlag-Fotos:
Michael Feiler & Edgar Essig

Satz & Layout:
Edgar Essig   verlag donAceto, Memmingen

Druck:
FeinerDruck & Medien GmbH, Memmingen   www.feiner.de

3. Auflage, Juli 2005

ISBN 3-938177-03-9

Gewidmet meinen Eltern,
die mich mit guter Küche
in guten und schlechten Zeiten
bestens ernährt haben.
Schwäbische und Schweizer Küche
haben dabei oft zu einer
tollen Kombination gefunden
Dies war und ist die Basis meiner eigenen
Koch- & Ess-Lust

Einfach „donAceto-mässig"
essen & trinken

Möge es gut tun!

20. Juli 2003

Inhaltsverzeichnis

Pomodori secchi & sonnengetrocknete Tomaten

Tomaten-Pesto

Frische Tomaten

Pomodori secchi & getrocknete Tomaten

mindestens zwei Wochen ziehen lassen.

Selbst eingelegte getrocknete Tomaten

1 l Wasser
125 ml Weisswein
75 ml Balsamico
200 g getrocknete Tomaten
Thymian, Rosmarin, Basilikum
Olivenöl

Wasser, Weisswein und Essig aufkochen, die Tomaten hineingeben und 10 Minuten ziehen lassen.

Danach im Sieb gut abtropfen lassen und mit einem Küchentuch vorsichtig trocknen. In saubere Gläser und mit Olivenöl auffüllen und

Hausgemachtes Tomatenpesto

200 g getrocknete Tomaten
120 g Pinienkerne geröstet
70 g Parmesan
50 g Peccorino (sardischer Schafskäse)
6 Knoblauchzehe
300-400 ml Olivenöl

Getrocknete Tomaten, Pinienkerne, Knoblauch und Olivenöl mixen, den Käse dazu geben.

Bavette mit Pomodori secchi

20 Pomodori secchi
20 Oliven ohne Kern
Olivenöl
6 Knoblauchzehen

Basilikum und Salbei, frisch
½ grüne Paprika, gewürfelt
50 g Bauchspeck, gewürfelt
2 Schalotten, gewürfelt
Salz, Pfeffer
500 g Bavette
(flache Spaghetti)

Schalotten und Bauchspeck im Olivenöl anbraten. Oliven, Knoblauch, Paprika dazu geben und kurz vor Schluss die Kräuter untermischen, evtl. noch mit Olivenöl oder Kochwasser flüssiger machen.

Mit den gekochten Bavette mischen und Parmesan darüber reiben.

Tomaten-Kräuter-Polenta

250 g Polenta(Mais)-Griess
150 g getrocknete Tomaten in Öl
1 EL Butter
2 Bund Basilikum
2 Bund Thymian

20 Salbeiblätter
Salz, Muskat
1 Kastenform
Butter zum Einfetten der Form
etwas Mais-Griess zum Ausstreuen der Form

Die Thymianblätter von den Stielen zupfen, Salbei fein hacken. Die Tomaten in kleine Würfel schneiden. In einer Pfanne die Butter zerlassen, die Kräuter (ohne Basilikum) darin kurz andünsten. In einem Topf 1 l Wasser zum Kochen bringen und den Mais-Griess langsam hinein geben und so lange rühren, bis ein dicker Brei entsteht. Die Polenta bei mittlerer Hitze quellen lassen, dabei ständig rühren. Die Kräuter (mit Basilikum) und die Tomaten in die Polenta rühren, den Topf vom Herd nehmen. Eine Kastenform mit Butter ausfetten und mit etwas Polenta-Griess ausstreuen. Die Masse einfüllen und über Nacht kalt stellen. Die Polenta in 1 cm breite Scheiben geschnitten im Olivenöl goldbraun braten.

Tomaten-Champignon-Sauce

500 g frische Champignons
in Scheiben
150 g getrocknete Tomaten
gewürfelt
2 Knoblauchzehen, gewürfelt
Schlagsahne
Weisswein
frischen Basilikum und Salbei
2 EL Olivenöl
Salz, Pfeffer, Muskat
500 g Nudeln
Parmesan, gerieben

Pilze im Olivenöl kräftig anbraten und nach einigen
Minuten die Tomaten und
den Knoblauch zufügen. Mit
Weisswein ablöschen und
Sahne unterrühren. Kräftig abschmecken und zum Schluss
die Kräuter unterziehen.
Mit den gekochten Nudeln
mischen. Nach Wunsch noch
Parmesan darüber geben.

Tomaten-Mozzarella-Muffins

Zutaten für 12 Stück:
120 g Mozzarella, gewürfelt
100 g getrocknete Tomaten,
gewürfelt
250 g Mehl
2 TL Backpulver
1 TL Natron
1 EL Basilikum
1 EL Thymian
2 Eier
75 ml Olivenöl
125 ml Buttermilch
1 TL Salz

In einer Schüssel Mehl, Backpulver, Natron und Kräuter mischen. In einer zweiten Schüssel Eier, Olivenöl, Buttermilch
und Salz schaumig schlagen
und das Mehlgemisch, die
Tomaten und den Mozarella
unterheben und gründlich
mischen. Den Teig in das
eingefettete Muffinblech füllen und bis zu 25 Minuten bei
190 Grad backen.

9

Mozzarella-Tomaten-Carpaccio

500 g Mozzarella in Scheiben
100 g getrocknete Tomaten
in feinen Streifen
4 EL Pesto
4 EL Olivenöl
Pfeffer aus der Mühle

Den Mozarella auf vier Tellern
anrichten. Jede Scheibe mit
etwas Pesto bestreichen, die
Tomatenstreifen darüber verteilen und mit dem Öl beträu-
feln. Reichlich Pfeffer darüber
und gut durchziehen lassen.

Fleischküchle in Tomaten-Kapern-Sauce

75 g durchwachsener Speck
in Scheiben
100 g Sellerie
100 g Karotten
1 Dose geschälte Tomaten
4 EL Olivenöl
200 g Schalotten
4 Knoblauchzehen
80 g Kapern
Salz, Pfeffer, Muskat
80 g Walnusskerne
80 g getrocknete
Tomaten in Öl
1 altbackene Semmel
Petersilie
Basilikum
500 g Hackfleisch
1 Ei
5 EL Öl

Speck in feine Streifen schneiden, Sellerie und Karotten
klein schneiden. Geschälte
Tomaten abtropfen lassen,
den Saft auffangen und
die Tomaten grob würfeln.

Speck im Olivenöl knusprig ausbraten. Schalotten, 2 Knoblauchzehen, Karotten und Sellerie in Öl andünsten. Tomatensaft und Kapern dazugeben, mit Salz, Pfeffer und Muskat würzen und 30 Minuten köcheln lassen. Walnusskerne grob hacken, getrocknete Tomaten würfeln. Restliche Knoblauchzehen und Walnüsse in 3 EL Tomatenöl andünsten, Semmel fein zerkrümeln, die Kräuter fein hacken. Hackfleisch mit Ei, Semmel, getrockneten Tomaten, Walnussgemisch und den Kräutern zu einem glatten Fleischteig verarbeiten und kräftig gewürzt in Olivenöl anbraten und mit der Tomatensauce servieren.

Brokkoli mit Tomaten und Speck

4 Brokkoliköpfe
4 Schalotten
6 Zehen Knoblauch
1 Bund Kräuter

15 getrocknete Tomaten
150 g Speck
4 frische Tomaten
12 Oliven
6 EL Olivenöl
Brühe
Salz, Pfeffer, Muskat

Den Brokkoli in grobe Stücke schneiden, Speck grob würfeln, Schalotten, Knoblauch und Kräuter klein hacken. Das Olivenöl in einem grossen Topf erhitzen und Knoblauch, Schalotten, Petersilie, getrocknete Tomaten und den Speck in den Topf geben und anbraten. Tomaten würfeln, mit Brokkoli hinzugeben und auf kleiner Flamme köcheln lassen. Ein Glas Brühe dazu giessen. Sobald der Brokkoli fast gar ist die Oliven dazu geben und mit Gewürzen abschmecken und Kräuter untermischen.

Deftige Polenta

500 ml Milch
500 ml Wasser
100 g Schalottenwürfel
50 g feingeschnittene
Pomodori secchi
100 g feingeschnittenen
Bauchspeck
250 g Polenta (Mais-Griess)
50 g Butter
50 g geriebener Parmesan
Olivenöl
Pfeffer, Salz, Muskat
Kräuter nach Wunsch

Milch und Wasser erhitzen,
Polenta unter ständigem
Rühren einrieseln lassen und
zu einem geschmeidigen Brei
gar kochen. Im Olivenöl den
Speck und die Schalotten
anbraten, Pomodori secchi
zufügen. Maisbrei mit Speck,
Schalotten und den Kräutern
mischen und kräftig würzen.
So als Beilage oder mit einem
Salat essen.

Als Alternative streicht man
den Brei auf ein gebuttertes
Blech, lässt ihn abkühlen und
schneidet Scheiben, die man
im Olivenöl anbrät. Wie den
Brei verwenden.

Pesto

„Tomatige" Zwiebelsuppe

500 g Zwiebeln
150 g Karotten
2 Stangensellerie
2 EL Olivenöl
700 ml Bouillon
2 EL Tomatenpesto
Salz, Pfeffer, Muskat
4 Brotscheiben
4 Knoblauchzehen
Parmesankäse gerieben

Zwiebeln, Karotten,
3 Knoblauchzehen und
Selleriestangen in Scheiben
schneiden. Das Gemüse in
Olivenöl bei schwacher Hitze
dünsten und nach und nach
Bouillon beifügen und würzen.
Nach 30 Minuten soll das
Gemüse sehr weich sein.
4 Brotscheiben toasten und
mit der Schnittfläche der hal-
bierten restlichen Knoblauch-

zehe einreiben. Die Suppe
in Teller verteilen, je 1 Brot-
scheibe darauf legen und
mit geriebenem Käse nach
Geschmack bestreuen.

Kann vor dem Essen auch
noch überbacken werden.

Tomaten-Tonnato

8 Fleischtomaten
1 Dose Thunfisch (200 g)
2 Schalotten
1 EL Tomatenpesto
3 EL Mayonnaise
180 g Joghurt natur
Limonenschale
frischer Oregano gehackt
Salz, Pfeffer, Muskat
Kapern
Oliven
Limonenscheiben

Abgetropften Thunfisch,
Schalotten, Mayonnaise,
Joghurt, Limonenschale und
Oregano im Mixer pürieren,
Tomatenpesto unterziehen

und würzen. Tomaten in dünne Scheiben schneiden, kreisförmig auf Teller legen und mit der Sauce überziehen. Mit Kapern, Oliven, Limonenscheiben und Oreganoblättchen garnieren.

Viktoriabarschfilet mit Steinpilz-Risotto

4 Viktoriabarschfilets
Limettensaft
Tomatenpesto
Salz, Pfeffer, Muskat

100 g Steinpilze
150 g Risottoreis
60 g frisch geriebenen Parmesan
100 ml trockenen italienischen Weisswein
1 Liter Kalbsbrühe
Salz, Pfeffer, Muskat
Ölivenöl
Sahne

Viktoriabarschfilets mit Limettensaft und Gewürzen marinieren. Mit Tomatenpesto dünn bestreichen und bei 250 Grad ungefähr 10 Minuten überbacken.

Reis in Olivenöl andünsten, mit Weisswein ablöschen und unter ständigem Rühren nach und nach die Kalbsbrühe zugiessen und zum Schluss die Sahne unterziehen, bis der Reis schön cremig ist. Steinpilze in Olivenöl anbraten und zusammen mit dem Parmesan unterheben.

Thunfisch-Carpaccio

für bis zu 8 Personen

500 g frisches Thunfischfilet
Tomatenpesto
Paprika je eine rot, gelb, grün
Salz, Pfeffer
Saft von vier Limonen
Basilikum

Das Thunfischfilet pfeffern, in eine Alufolie bonbonförmig einwickeln und mehrere Stunden einfrieren.

Die Tomatenpesto auf den Tellern dünn verteilen. Mit der Aufschnittmaschine sehr dünne Scheiben vom leicht angetauten Thunfischfilet abschneiden und auf das Pesto legen.

Die Paprika fein würfeln und über den Thunfischscheiben verteilen. Mit Salz, Pfeffer, Limonensaft würzen und Basilikumstreifen darüber streuen.

Pestobrot

bis zu 250ml Wasser
1 TL Salz
80ml Tomatenpesto
270g Weizenmehl
200g Vollkornmehl
1 EL Zucker
1 TL Trockenhefe

Zutaten 10 Minuten kneten, dann 20 Minuten gehen lassen. Nochmals durchkneten, in eine Kastenform legen, die Oberfläche mit Mehl bestäuben und 40 Minuten gehen lassen. 10 Minuten bei 220 Grad und weitere 50 Minuten bei 180 Grad backen.

Das Brot kann natürlich auch im Brotbackautomaten gemacht werden.

Tomaten-Obazda

200 g Camembert
150 g Frischkäse
150 g Quark
50 g Butter
1 Zwiebel
1 EL Tomaten-Pesto
Paprikapulver, Salz, Pfeffer, Muskat

Zwiebel fein hacken und Butter schaumig rühren. Zimmerwarmer Camembert, Frischkäse und Quark zerdrücken und mit Butter gut verrühren. Zwiebel und Pesto zugeben, würzen.

Solange weiter rühren, bis eine cremige Masse entsteht.

Kartoffelsuppe mit Tomaten-Sahne

300 g Lauch
150 g Möhren
50 g Knollensellerie
100 g Zwiebel
750 g Kartoffeln
Olivenöl
1 Zweig Thymian
2 Lorbeerblätter
Salz, Pfeffer, Muskat
1 l Gemüsebrühe
200 ml Crème fraiche oder süsse Sahne
1-2 EL Tomaten-Pesto
Basilikum

Gemüse, Kartoffeln und Zwiebel klein schneiden und im Olivenöl anschwitzen. Mit der Brühe aufgiessen und mit Thymian, Lorbeer gewürzt ca. 10 Min. kochen. Die Gewürze entfernen und Pesto mit Sahne verrührt unter die Suppe mischen.

Aufkochen und danach pürieren. Die Kräuter zur Suppe geben und abschmecken.

Italienische Schweinerouladen

4 Rouladen
Tomatenpesto
Senf
4 Schalotten
Roter Paprika
Knoblauch
Olivenöl
Rotwein

Die Rouladen mit einer Senf-Tomatenpesto-Crème bestreichen. Den Knoblauch pressen und darauf verteilen. Die Schalotten schälen, in halbe Ringe schneiden, glasig dünsten und auf den Rouladen verteilen. Die Paprika fein würfeln und auf die Schalotten legen. Die Rouladen rollen und zusammenstecken. In heissem Öl von beiden Seiten gut anbraten. Anschließend mit Rotwein ablöschen und mit Wasser aufgießen. Restliche Tomatenpaprika hinzufügen, würzen und ca. 45 Minuten schmoren.

Nudelsalat mit Tomatenpesto

250 g Spiralnudeln
200 g Salami in Würfeln
1 Dose Mais
3-4 Gewürzgurken in Scheiben
je 1 gelbe, grüne und rote Paprikaschote
1/2 Glas Majonaise
1 EL Tomatenpesto
Salz, Pfeffer, Muskat
Basilikum in Streifen
Limettensaft

Die gekochten Nudeln mit Salami, Mais, Gurken und Paprika vermischen.

Die Majonaise, das Tomatenpesto, das Basilikum und Limonensaft vermischen und mit den Gewürzen kräftig abgeschmeckt unter die Nudeln mischen. Gut durchziehen lassen

Gefülltes Hähnchenbrustfilet

4 Hähnchenbrustfilets
2 Becher Sahne
4 EL Tomatenpesto
Schafskäse
Basilikum
Mehl
Butter
mind. 1 l Brühe
100 ml Weisswein
Pfeffer, Salz, Muskat

Das Fleisch anbraten und abkühlen lassen. Den Schafskäse würfeln und das Basilikum in Streifen schneiden. Für die Sauce das Mehl und die Butter zu einer Mehlschwitze verarbeiten, mit Weisswein, Brühe, Sahne ablöschen und mit Tomatenpesto, Pfeffer, Salz und Muskat abschmecken.

In die gebratenen Filets eine Tasche schneiden und mit Basilikum und Schafskäse gefüllt in eine Auflaufform legen. Die Sauce darüber und bei 200 Grad bis zu 45 Minuten backen.

bepinseln, würzen und mit der Hautseite nach oben auf ein Backblech legen und mit den Kräutern bestreuen. Erst 20 Minuten bei 175 Grad backen, dann wenden und nochmals 15 Minuten weiter backen.

Mit Salz, Pfeffer und Paprika würzen und in das mit Sahne verfeinerte Tomatenpesto dippen.

Kartoffelviertel mit Tomatenpesto-Dip

800 g mittelgrosse Kartoffeln
2 EL Olivenöl
Salz, Paprika, Pfeffer
frischer Thymian und
Rosmarin
Tomatenpesto
wenig Sahne

Die Kartoffeln waschen, längs ungeschält vierteln, mit Öl

Tomaten-Kartoffelpüree

700 g Kartoffeln
Salz, Muskat
150 - 200 ml Milch
1-2 EL Tomatenpesto
3 EL Butter
Schnittlauch

Kartoffelpüree wie gewohnt zubereiten, Tomatenpesto untermischen und als Beilage reichen. Als Alternative kann dieses Püree noch mit gebratenem Speck, gebratenen

Zwiebelringen, geriebenem Käse, Walnussvierteln und weiteren Kräutern ergänzt werden. Zusammen mit einem Salat schmeckt das wunderbar.

Frische Tomaten

Mutters Tomaten-Paprika-Salat

Tomaten
grüne Paprika
Zwiebeln
Kressi-Essig
Sonnenblumenöl
Pfeffer, Salz

Tomaten (nicht schälen und nicht entkernen!!!) in Scheiben, Paprika in Streifen, Zwiebeln in Ringe schneiden. Essig und Öl darüber, würzen. Salat ein wenig ziehen lassen, dann schmeckt er so wie ein Tomaten-Paprika-Salat schmecken muss.

Tomatensuppe mit Gin-Sahne

Der Klassiker überhaupt und früher in jedem Restaurant zu finden!

1 Knoblauchzehe
1 EL Butterschmalz
50 g Suppengrün
2-3 EL Tomatenmark
1-2 TL Mehl
800 g Tomatenstücke frisch oder aus der Dose
2-3 TL Gemüsebrühe
Salz, Pfeffer, Muskat
etwas Rosenpaprika oder Cayennepfeffer
1 Prise Zucker
100 g Schlagsahne
1-2 EL Gin
Basilikum zum Garnieren

Knoblauch hacken und zusammen mit Suppengrün in Butterschmalz erhitzen.

Tomatenmark und Mehl einrühren und anschwitzen. Tomaten samt Flüssigkeit und ca. 1/4 l Wasser zugiessen,

aufkochen. Brühe einrühren. Alles bei schwacher Hitze ca. 10 Minuten köcheln lassen. Die Suppe pürieren und nochmals erhitzen.

Mit Salz, Pfeffer, Muskat, Paprika und Zucker pikant abschmecken. Sahne halbsteif schlagen und mit Gin abschmecken. Suppe mit jeweils 1 Sahneklecks anrichten. Mit Basilikum garnieren.

Tomaten-Käse-Carpaccio

2 grosse Tomaten
4 TL Kapern
250 g Parmesan
2 1/2 EL Balsamico
5 EL Olivenöl
Salz, Pfeffer

Von den Tomaten das Fruchtfleisch in kleine Würfel schneiden. Die Kapern abtropfen lassen. Den Käse mit einem Sparschäler in dünne Streifen hobeln und sternförmig auf vier Tellern anordnen. Die Tomatenwürfel und Kapern mischen und darüber verteilen. Essig, Öl, Salz und Pfeffer zu einer pikanten Marinade verrühren und über das Käse-Carpaccio träufeln.

Gefüllte Tomaten mit Oliven-Püree

750 g Kartoffeln
Salz, schwarzer Pfeffer
4 grosse Fleischtomaten
2 Schalotten
6 Knoblauchzehen
4 EL Olivenöl
2 EL Tomatenmark
150 ml Gemüsebrühe
100 g entsteinte grüne Oliven
1/8 l Milch
50 g Greyerzer gerieben
1 EL Butter
2 EL Pinienkerne
Basilikum
Kartoffeln im Salzwasser ca. 20 Minuten kochen. Von den Tomaten einen Deckel ab-

schneiden. Fruchtfleisch herauslösen und würfeln. Schalotten hacken und Knoblauch zerdrücken. Schalotten und die Hälfte des Knoblauchs in einem EL Öl dünsten. Tomatenwürfel und Tomatenmark mitdünsten und nach 1 Minute mit Brühe ablöschen. Aufkochen und nach 10 Minuten würzen. Oliven, Rest Knoblauch und 3 EL Öl pürieren. Kartoffeln abgiessen, Garwasser dabei auffangen. Kartoffeln und Olivenpüree mit Milch und 5 EL Kartoffelwasser stampfen, abschmecken und das klein geschnittene Basilikum untermischen. Tomatensosse in eine gefettete Auflaufform füllen. Tomaten mit Oliven-Püree füllen und hineinsetzen. Mit Pinienkernen und Käse bestreuen und Butterflöckchen darüber geben. Im Backofen bei 200 Grad ca. 15 Minuten überbacken, dann die Tomatendeckel zugeben und weitere 10 Minuten mitgaren.

Sardinen auf Safran-Tomaten-Gulasch

20 frische Sardinen,
küchenfertig
600g Tomatenwürfel
1 EL Schalottenwürfel
1 EL gehackter Knoblauch
Safranfäden
Zucker, Salz, Pfeffer,
Mehl
Olivenöl
Basilikum

Schalotten und Knoblauch
in Olivenöl glasig dünsten.
Tomatenwürfel, Safran, Salz,
Pfeffer und Zucker dazu und
leicht ohne Deckel köcheln
lassen, bis die Flüssigkeit
verdampft ist. Das Gulasch
etwas abkühlen lassen. Die
Fische mit Salz und Pfeffer
würzen, in Mehl wenden und
in Olivenöl ausbraten.

Tomaten à la Provence

1 kg Tomaten
Salz, Pfeffer, Muskat
150 g Crème fraiche
4 EL Weisswein
20 g Butter
4 Schalotten
5 Knoblauchzehen
Petersilie, Liebstöckel
Kräuter der Provence

Die Stielansätze der Tomaten heraus schneiden und
der gegenüber liegenden
Seite vier- bis fünfmal ein-
schneiden, mit Salz und
Pfeffer bestreuen. Crème
fraiche und Wein mischen
und in eine Auflaufform giessen. Zwiebelwürfel und die
zerdrückten Knoblauchzehen
in Butter glasig dünsten und
die Kräuter unterziehen. Die
Tomaten mit den eingeschnit-
tene Seiten nach oben in die
Form setzen und die Zwiebeln
dazwischen verteilen. Im
Backofen bei ca. 200 Grad
ca. 20 Minuten garen lassen.

Tomaten-Auberginen-Sauce

6 reife Tomaten
1 Aubergine
2 Zwiebeln
6 Knoblauchzehen
Salz, Pfeffer, Muskat
4 EL Olivenöl
150 ml Brühe

Tomaten, Auberginen, Schalotten und Knoblauch pürieren und würzen. Das Olivenöl erhitzen, die Masse hineingeben und 3 Minuten schmoren. Brühe dazu und bis zu 20 Minuten bei kleiner Hitze köcheln lassen. Nochmals abschmecken und zu Nudeln servieren.

Tomaten-Schafskäse-Sauce

1 Bund Lauchzwiebeln
1 kg Tomaten
2 EL Olivenöl
frischer Thymian, Majoran, Oregano
Salz, Pfeffer, Muskat
100 g Schafskäse

Lauchzwiebeln klein schneiden und mit in Spalten geschnittenen Tomaten in heissem Olivenöl andünsten. Thymian, Majoran und Oregano einrühren und nochmals abschmecken, Schafskäse reiben und darüber streuen. Tolle Sauce zu Nudeln.

Hering in Dill-Tomaten-Marinade

400 g Schalotten
1/2 l Tomatensaft
6 EL Sherry-Essig
4 EL Weinessig
150 g Zucker
Knoblauchzehen
12 Matjesfilets
2 Bund Dill

Schalottenscheiben mit Tomatensaft, Essig, Zucker und zerdrücktem Knoblauch aufkochen und abkühlen lassen. Matjesfilets in Stücke schneiden, Dill hacken. In ein Glas zuerst Matjes, dann Dill, dann Tomaten-Zwiebel-Sud geben und solange wiederholen bis das Glas entsprechend gefüllt ist. Oben nochmals kräftig Tomaten-Zwiebel-Sud darüber geben. Mehrere Stunden kühl stellen.

Tomaten-Basilikum-Tarte

100 g Schalotten
3 Knoblauchzehen
2 EL Olivenöl
800 g frische o. geschälte
Dosentomaten ohne Saft
Salz, Muskat, Zucker
Cayennepfeffer

3 Bund Basilikum
1 Bund Petersilie
50 g Pistazienkerne
2 Eier
125 ml Schlagsahne
3 Knoblauchzehe
Salz

300 g Mehl
10 g Hefe
1 Pr. Zucker
150 ml lauwarmes Wasser
1 Eigelb
Salz
2 EL Olivenöl

125 ml Sahne
2 Eigelb
40 g Parmesan gerieben

Schalotten würfeln, Knoblauch hacken und in einer grossen Pfanne im Olivenöl unter Rühren glasig dünsten. Tomaten grob hacken, dazu geben und ca. 15 Minuten einkochen. Mit Salz, Zucker und Cayenne würzen. Basilikum und Petersilie mit Pistazien, Eiern, Knoblauch, Sahne pürieren und salzen. Mehl in eine Schüssel geben und in die Mitte eine Mulde drücken. Zerbröselte Hefe, Zucker und das lauwarme Wasser in die Mitte geben, leicht verrühren und mit Mehl vom Rand bedecken. Das Eigelb, Salz und Öl auf dem Mehlrand verteilen. Von der Mitte aus zusammenkneten. Auf mehlbestäubter Arbeitsfläche den Teig 10 Minuten durchkneten. Zugedeckt an einem warmen Ort 20-30 Minuten gehen lassen, bis sich das Teigvolumen verdoppelt hat. Danach nochmals kneten und ausgerollt auf dem Blech 5 Minuten gehen lassen und mit einer Gabel einstechen. Eigelbe mit Sahne und Käse verquirlen. Tomatenmasse und Basilikumpüree abwechselnd auf dem Teig verteilen und Eiersahne darüber geben. Bei 225 Grad im Backofen 15-20 Minuten backen.

Tomaten-Buttermilch

1 TL Tomatenmark oder Pesto oder 1 pürierte Tomate
1/8 l Buttermilch
Süssen nach Bedarf
Gewürze nach Wunsch

Tomatenmasse mit der Buttermilch verquirlen, würzen und evtl süssen.

Tomaten-Chutney

500 g Tomaten
4 EL Wasser
2 EL Öl
2 EL schwarze Senfkörner
3 frische Chilis
3 Nelken
2 Lorbeerblätter
5 cm Zimtstange
1 TL Kreuzkümmelsamen
2 TL Koriander gemahlen
1 EL frisch geriebener Ingwer
Salz, Muskat
1 1/2 EL Essig
4 EL Rohrzucker

Die Tomaten mit dem Wasser pürieren. Das Öl erhitzen, Senfkörner dazugeben und den Topf abdecken, bis die Senfkörner nicht mehr spritzen. Dann die restlichen Gewürze und den Ingwer 1 Minute darin braten. Tomaten zugeben, salzen und etwa 20-30 Minuten köcheln, bis eine dickliche Sauce entstanden ist. Den Zucker zufügen und bei voller Hitze und unter ständigem Rühren noch etwa 5 Minuten kochen.

Tomaten-Bruscetta

4 EL Olivenöl
2 gepresste Knoblauchzehen
8 Scheiben Italienisches Brot oder Baguette
500 g Tomatenstücke
viel Basilikum
Salz, Pfeffer
100 g Mozzarella

Öl und Knoblauch verrühren, auf die Brotscheiben streichen und im Backofen bei 200 Grad knusprig rösten. Von den Basilikumblättern einige beiseite legen, den Rest hacken, unter die Tomaten mischen und würzen. Die Tomatenmasse auf die Brotscheiben geben und mit gewürfeltem Mozarella bestreuen. Bei 250 Grad ca. 5 Minuten überbacken. Mit dem restlichen Basilikum garniert servieren.

Tomaten-Fisch-Suppe

800 g Fischfilet
Saft von 2 Limonen
4 Schalotten
2 Knoblauchzehen
500 g Tomaten
Salz, Pfeffer
4 EL Mehl
4 EL Olivenöl
1/4 l trockener Weisswein
2 Lorbeerblätter
körnige Gemüsebrühe
1 Bund Petersilie
50 g Olivenwürfel

Den Fisch in grosse Portionsstücke schneiden, und mit Limonensaft beträufelt 30 Minuten ziehen lassen. Schalotten und Knoblauch in Scheiben schneiden und Tomaten würfeln. Die Fischstücke mit Salz und Pfeffer würzen und im Mehl wenden.

In Öl die Fischstücke rundherum anbraten und herausnehmen. Erst die Zwiebeln, den Knoblauch und wenig später die Tomaten ins Öl geben und dünsten. Mit Wein und einem 3/4 l Wasser ablöschen und mit Lorbeerblättern, Gemüsebrühe und Pfeffer würzen.

Zugedeckt 15 Minuten köcheln. Die Suppe nochmals abschmecken, Fischstücke, Petersilie und Oliven unterheben und noch 5 Minuten bei leichter Hitze ziehen lassen.

Teuflischer Tomatensaft

500 g reife Tomaten
4 kleine Schalotten
1 EL Zucker
1 TL Salz, Pfeffer, Muskat
Cayennepfeffer
Tabasco
frischer Basilikum

Tomaten und Schalotten würfeln. Beides mit Zucker, Salz, Pfeffer, Muskat,

Cayennepfeffer und Tabasco zugedeckt bei schwacher Hitze ca. 20 Minuten köcheln. Durch ein Sieb streichen, mit Zucker und den Gewürzen abschmecken, den Saft erkalten lassen. In einem gekühlten Glas mit Basilikum servieren.

Tomaten-Terrine

500 g Tomaten
2 Schalotten
2 Knoblauchzehen
2 EL Öl
100 g Tiefseekrabben
Cayennepfeffer
Salz, Muskat, Zucker
6 Blatt weisse Gelatine
350 g süsse Sahne
Basilikumblätter

Von den Tomaten 100 g wegnehmen, Tomateninneres heraus nehmen und Tomatenfleisch in kleine Würfel schneiden. Restliche 400 g Tomaten vierteln. Schalotten und Knoblauchzehe in kleine Würfel schneiden, im Öl erhitzen und glasig dünsten. Tomatenviertel und Tomateninneres dazu geben und 10 Minuten dünsten. Krabben hinzufügen und die Masse pürieren. Mit Cayennepfeffer, Salz, Muskat und Zucker abschmecken. Gelatine nach Anweisung einweichen und in der heissen Masse auflösen. Masse kühl stellen, bis sie anfängt fest zu werden. Sahne steif schlagen, Basilikum klein Schneiden und unter die Masse heben. Eine Kastenform (1 l) mit Butterbrotpapier auslegen und die Hälfte der Masse in die Form füllen. Tomatenwürfel darauf legen, restliche Masse darüber geben und mindestens 4 Stunden kühl stellen. Tomatenterrine aus der Form stürzen, in Scheiben schneiden, auf Tellern anrichten und mit Basilikumblättern garniert servieren.

Tomaten-Hähnchen

1 kg Hähnchenteile
1 TL Paprika
1 TL Thymian
1 TL Rosmarin
Salz, Pfeffer
4 EL Olivenöl
1/4 l Rotwein
3 Tomaten, 1 EL Pesto
1 Bund Frühlingszwiebeln
100 g Schlagsahne

Hähnchenteile mit Paprika, Thymian, Rosmarin, Salz und Pfeffer würzen. Im heissen Öl rundherum kräftig anbraten und den Bratensatz mit Rotwein ablöschen. Tomaten waschen und achteln, Frühlingszwiebeln putzen und in Stücke schneiden, beides mit dem Tomatenpesto zum Hähnchen geben. Im Ofen bei 200 Grad ca. 20 Minuten garen. Die Sahne darüber giessen und die Hähnchenteile noch ca. 10 Minuten schmoren.

Tomatenkonfitüre

2 kg Tomaten
ca. 2 kg Zucker
2 Limonen, Saft und Zesten

Wasser zum Kochen bringen und die Tomaten (Blütenansatz entfernt, in kleine Stücke geschnitten). hineingeben und 6 bis 7 Minuten blanchieren. Mit einem Schaumlöffel herausnehmen und abwiegen. Anschliessend in eine Schüssel geben und das gleiche Gewicht an Zucker und die Zesten (Schalenstreifen) hinzufügen. Unter ständigem Rühren mit einem Holzlöffel zum Kochen bringen, die Schüssel vom Feuer nehmen und über Nacht stehen lassen. Am nächsten Tag den Limonensaft dazugeben und die Konfitüre unter häufigem Rühren mit einem Holzlöffel erneut zum Kochen bringen. Etwa 40 Minuten kochen lassen, vom Feuer nehmen, in Gläser füllen, verschliessen und abkühlen lassen.

Hausgemachtes Tomatenketchup

1 kg Tomaten gewürfelt
100 g Zwiebeln gehackt
100 g Paprikaschote gehackt
4 Knoblauchzehen gepresst
1 TL Salz
2 EL Brauner Zucker
1 TL Senfkörner
1 TL Pimentkörner
1 TL Pfefferkörner
1 TL Korianderkörner
150 ml Apfelessig
4 Nelken
1 kleine Pfefferschote
1 Zimtstange
1 Lorbeerblatt

Alles 30 Minuten auf kleinem Feuer zugedeckt köcheln lassen und dann Zimtstange, Nelke und Lorbeerblatt entfernen. Alles passieren und nochmals einkochen, bis die Sauce dickflüssig ist. In saubere Gläser oder Flaschen füllen.

Sofort verschliessen. In einen Topf stellen. Diese bis zu 3/4 der Höhe der Gläser auffüllen und knapp unter dem Siedepunkt ca. 30 Minuten erhitzen. Nach dem Auskühlen im Kühlschrank lagern.

Tomaten-Minze-Buletten

1 altbackenes Brötchen
1 Zwiebel
4 Knoblauchzehen
200 g Fleischtomaten
300 g Hackfleisch
50 g Schafskäse
1 EL Sahne
1 Ei
1/2 Bund Minze
Salz, Pfeffer, Muskat, Rosenpaprika
4 EL Olivenöl

Brötchen in Wasser einweichen, ausdrücken. Zwiebel und Knoblauchzehen fein würfeln.

Tomaten entkernen und in feine Würfel schneiden. Zwiebel, halbe Menge des Knoblauchs und Tomate - bis auf einen Esslöffel - zum Hackfleisch geben, Schafskäse grob zerbröckeln, zugeben. Ausgedrücktes Brötchen, Sahne, Ei zum Fleischteig geben. Mit in Streifen geschnittenen Minzeblättern, Salz, Pfeffer und Paprika würzen. Alles miteinander verkneten und 6 Buletten formen. Die Buletten von jeder Seite 5 Minuten im Öl braten. Restliche Tomatenwürfel und Knoblauch kurz mitbraten.

Tomaten-Speck-Pfannkuchen

100 g Mehl
1/4 l Milch
4 Eier
300 g Champignons
1 Bund Frühlingszwiebeln
200 g Speck
Butter
750 g Tomaten
Salz, Pfeffer, Muskat
Basilikum

Mehl mit der Milch verquirlen, die Eier zugeben und würzen. Die Champignons vierteln, Frühlingszwiebeln in Ringe schneiden. Den Speck würfeln und mit Frühlingszwiebeln und Champignons in der Butter braten. Tomaten würfeln und zugeben, würzen und Basilikum darunter mischen. Die Pfannkuchen in Butter braten, mit der Masse füllen und zuklappen.

Die Kochbuch-Serie „Rezepte PUR - ohne SchnickSchnack"
wird ständig erweitert und besteht zurzeit aus folgenden
aktuellen und lieferbaren Titeln:

Weitere Titel mit trendigen und ursprünglichen Rezepten sind in Arbeit und
erscheinen laufend neu. Informationen finden Sie auf unserer Homepage.

Wollen Sie in Zukunft automatisch Informationen über neue
donAceto-KochBücher, andere Erzeugnisse oder neue Bezugsquellen?
Dann schreiben oder eMailen Sie ihre Adresse und Tel.-Nr. gleich an:

verlag donAceto Edgar Essig
Postfach 1332
87683 Memmingen
verlag@donaceto.de
www.donaceto.de

„Guten
Appetit"